Originalausgabe

© *by Mathias Bellmann. Das Werk einschließlich aller Inhalte ist urheberrechtlich*
geschützt. Alle Rechte vorbehalten.

Herstellung und Verlag: BoD – Books on Demand, Norderstedt
ISBN: 9783734726194

Freyas

Liebeslyrik

Freyas Liebe erleuchtet die Welt. Unsichtbar für die Augen der Menschen fliegt sie mit ihren Katzen um die Welt und sät die Samen der Liebe. Freyas Liebeslyrik spricht direkt mit deinem Herzen, um deinen Glauben an die Liebe niemals versiegen zu lassen. Liebe ist das Gesetz jeder heilen Welt. Liebe ist der Weg zum Glück. Öffne dein Herz für Freyas epische Liebeslyrik und lass dich entführen in die Welt grenzenloser Liebe.

Die Liebesgöttin des Nordens

Ihr Herz strahlt für
Jedes Menschenkind
Aus Ost, Süd, West und Nord.
Ihre Liebe reicht für
Jedes Menschenkind
Ob arm, reich, nah oder fern.

Sie ist die Göttin der Liebe.
Sie ist die Wanin.
Sie ist dein Licht
In der dunklen Nacht.

Freya ist ihr Name.
Liebe ist ihre Gabe.
Ihr Hort ist dein Herz.
Sie lehrt der Liebe Wert.

Rufe ihren Namen.
Erlange ihre Gaben.
Vertreibe den Schmerz
Und fühle der Liebe Wert.

In den Augen der Liebsten,
In den Augen des Liebsten,
Wirst du sie finden!

Götterliebe

Tausend Blitze zucken.
Thor tobt
In wilder Lust.

Die Erde erbebt,
Während Sigyn
Loki küsst.

Frigg stöhnt
Nach Gungnirs
Wilden Stößen.

Idun küsst die Alten
Und vereint sie
Mit den Jungen.

Heimdallr stößt ins Horn
Und neue Helden
Werden geboren.

Über allem sitzt
Und lacht die
Liebesgöttin
Asgards.

Ihr!

Ergreife
Ihre Hand.

Sie liebt dich
Schon lang.

Von Scham
Befangen,
Hast du
Die Zeichen
Übersehen.

Verwirf
Die Scham.

Greif
Ihre Hand

Und tanz
In Freyas
Palast.

Freyas Macht
Schützt euer
Liebesdach.
Freyas Wunsch
Schenkt euch
Einen stabilen
Liebesgrund.

Kuscheln am Sonntagmorgen

Sie ist nebenan.
Ich bin von ihr eingefangen.

Sie ist zart
Und macht mich hart.

Eine himmlische Macht
Hat unsere Liebe wahr gemacht.

Ich rieche ihr Parfum
Und kann sie fast berühren.

Die Sonne scheint hell
Und wir lieben uns schnell.

Ein paar Küsse schützen
Ihre zarten Brüste.

Mein hartes Glied
Dringt tief.

Ihr warmer Schoß
Ist mein Ehelos.

Diese Liebe blüht,
Weil Freya uns berührt.

Freyas Wunder

Job stresst.
Gedanken retten.

In Freya fühlen
Und sich überrollen.

Welt nervt.
Ich fühl mein Herz.

Wenig Geld,
Aber ein Liebesheld.

Ellbogengewalt.
Liebe wird nie alt.

Alles vergeht.
Mein Gefühl überlebt.

Freya erhebt,
Was kalt verweht.

Nackte Realität.
Liebe übersteht.

Bettgeflüster

Wir haben uns gefunden.
Das war das Ende
Der dunklen Stunden.

Dein Lächeln rettet mich
Und meine zarten Hände
Betten dich.

Der Sonnenschein ist unser Zeuge.
Wir öffnen unsere Herzen
Und werden nie bereuen.

Unsere Zungen schlängeln.
An unserer Zärtlichkeit
Gibt's nichts zu bemängeln.

Die Tage fließen wie im Traum.
Nichts hält unsere Liebe
Noch im Zaun.

Auch die Göttin ist bei uns
In jeder romantischen Stund
Und segnet uns mit ihrer Kraft.

Schau und vertrau

Die Runen
Verkündeten Unheil.
Ich hörte nicht zu
Und mein Herz brach.

Die Runen
Warnten mich.
Ich hörte nicht zu
Und mein Herz brach.

Die Orakel
Sahen finster aus.
Ich hörte nicht zu
Und mein Herz brach.

Die Orakel
Rieten mir davon ab.
Ich hörte nicht zu
Und mein Herz brach.

Dunkle Zeichen
Erschienen am Himmel.
Ich hörte nicht zu
Und mein Herz verbrannte.

Dunkle Zeichen
Sah ich in den Bäumen.
Ich hörte nicht zu
Und mein Herz starb.

Die eine wahre Liebe

Ein Leben lang warten
Auf den einen Menschen.
Glauben an die wahre Liebe.

Eine Göttin sieht alle Menschen.
Sieht sie auch meine Seelenpartnerin?

Sieht sie ihren Leib? Riecht sie ihr Haar? Fühlt sie ihre
warme Haut? Hört sie das Schlagen ihres
Herzens in diesem Moment?
Sag mir Göttin! Sag mir Freya!
Leidet sie wie ich?
Sehnt sie sich nach mir?
Verzehrt sich ihr Herz
Wie das meine nach
Dem ersten Moment?

Sehnsucht.
O Göttin, warum quälst du mich
Mit Sehnsucht?!?
Einsamkeit.
O Göttin, warum quälst du mich
Mit diesem kalten Gefühl?
Höre Äther, der alles verbindet.
Höre Seele, die bereits mit ihr verbunden.
Höre mich meines Herzens
Zweite Klappe.
Wie weit du auch bist:
Ich finde dich!

Verbundene Hände

In Liebe geboren und im Namen der Liebe geschworen.

Alt ist das Band, das dich umwebt. Neu ist seine Hand, die er dir um die Hüften legt.

Der Tanz des Lebens gebiert aus des Beckens Schwingen. Die Gabe der Liebe krönt in des Beckens Tanz.

Geboren in Liebe, denn die Triebe der Natur wollten dich. Vergiss das nicht! Vergiss das nimmermehr! Vergiss das niemals! Mutter Natur wollte dich und entzündete dein Lebenslicht.

Jetzt bist du hier und er bei dir. Die Magie ist stark und webt euer Band. Der alte Druide schlägt die Schamanentrommel und um eure Hände wickelt er in Freyas Namen das Band eurer Ehe.

Feier! Denn du bist.
Feier! Denn du liebst.
Feier! Denn du wirst geliebt!

Freyas Gaben

Liebe weht im Wind.

Von Liebe träumt das Kind.
Von Liebe träumt die ganze Welt und wird erst
glücklich sein, wenn alle sich in Liebe vereinen.
Liebe wird uns befreien!

Liebe trägt im Norden einen Namen.

Liebe ist Freyas Gabe.

Liebe ist das, was Freyas Katzen bringen. Liebe
strahlt von ihrem Wagen.

Freyas Gaben warten.

Sie warten auf dich
Und deinen Herzensgarten.

Freyas Eine

Tausend Frauen gehen vorbei.
Aber ich hab keine Zeit mehr,
Denn die Eine ist gefunden.

Freya ließ mich zittern.
Freya ließ mich warten.
Freya ließ mich zweifeln.

Viele Jahre vergingen
Und ich ging mit
Hunderten Frauen aus.

Dann kam die Eine.
Die Magie war da.
Die Zeichen unübersehbar.

Das Herz schlägt.
Zwei wurden eins
Und wollen drei.

Freya sitzt und lehrt.
Freya lehrt das Wahre.
Freya lehrt Geduld.
Freya lehrt den Umgangston.
Freya lehrt, Sex ist cool;
Aber nur mit Liebe
Wird Sex wunderschön.

Zwei Streifen

Zwei Striche

Zwei Striche auf dem Schwangerschaftstest

Ich bete zu dir Freya, bitte beschütze mein
Kind!
Ich bete zu allen Göttinnen, bitte beschützt mein
Kind!
Ich bete zu allen Göttern, bitte beschützt mein
Kind!
Ich bete zu den Höchsten, bitte beschützt mein
Kind!

Ich allein bin unverwundbar. Doch ich bin nicht
allein. Für meine Familie muss ich stark sein!
Für meine Familie muss ich heilen, um für sie
alles notwendige zu erlangen.

Wahre Liebe

Der Kummer frisst,
Doch die Liebe ist wahr.

Trümmer brechen
Über meinem Herzen zusammen,
Doch unsere Liebe ist wahr.

Dunkelheit hüllt uns ein
Und frisst die letzte Hoffnung auf.
Doch diese Liebe ist wahr.

Unsere Träume platzen
Und erschüttern alles.
Doch deine Liebe ist wahr.

Finster gräbt der Zweifel
An meinem Geist.
Doch meine Liebe ist wahr.

Bei Freya, wir werden
Durch das Tal des Todes waten,
Denn unsere Liebe strahlt.

Familienliebe

Liebe in der Familie.

Freyas schützende Magie schützt auch die Familie.

Sie lacht. Sie tanzt. Sie spielt. Sie ist nur vier Jahr und der größte Schatz der Familie. Nachts beten ihre Eltern um ihr Glück. O Freya erhöre sie.

Jahrzehnte liegen hinter ihr. Urgroßmutter ist ihr Name. Ehrfürchtig sehen Generationen zu ihr auf. O Freya heile sie.

Ganz in weiß und schwarz webt der Schamane das Band um ihre Hände und Arme, damit sie im Angesicht der Götter verbunden sind. O Freya leite sie.

Glück und Sorgen für das Kind. Hoffnung und Bangen um dessen Schicksalsweg. O Freya nimm ihnen die Sorgen. Lass sie hoffen und ihr Sehnen für ihr Kind in Erfüllung gehen.

P.

Ich will dich in die Arme schließen,
Doch du bist fern.
Ich will deinen Duft genießen
Und tanzen gehen.

Dein Bild tanzt
In meinem Geist.
Dein Duft spielt
Ein wildes Spiel
In mir.

Treue Gedanken wanken
Nicht und nimmer mehr.
Uns verbindet das
Große Seelenmeer.

Zarte Bande tanzen
In meinen Gedanken.
Freyas Wind bläst sanft
Und mein Sinn haftet an.

An dir sind Taue
Und binden mein Vertrauen.
Freyas Kräfte binden
Unser Empfinden.

Schwarz und weiß

Wie zart und wie hart.

Wie zart ist das kleine Kind.
Wie hart die Wahrscheinlichkeiten,
Die ihm schaden könnten.

Wie klein und wie groß.

Wie klein ist mein Sein.
Wie groß ist Freyas Schein,
Mit dem sie mich erleuchtet.

Wie fern und wie nah.

Wie fern liegt Sessrumnir?
Wie nah ist meine Liebe
Zu ihr.

Wie stark und wie schwach.

Wie stark ist meines Herzens Schlag?
Wie schwach mich meine Liebe macht,
Wenn ich dich vermiss und
Du mich nicht küsst.

Langes Sehnen

Ein Kuss am Morgen.
Ein zarter Moment.
Ein Traum, der wahr
Geworden ist.

Freya, lange ließest du mich warten.
Freya, lange waren die einsamen Tage.
Freya, die Hoffnungslosigkeit war
Schon mein bester Freund.

Freya, deine Macht führte mich.
Freya, deine Liebe erreichte mich.
Freya, deine Kraft gab meiner Liebe
Lebendigkeit.

Ein Kuss am Morgen.
Zarte Münder sorgen
Füreinander.

Ein Kuss am Morgen.
Liebende Herzen sorgen
Für Vertrauen.

Die Wanin strahlt

Liebe im Zeichen
Der Göttin.

Wir lieben uns in ihrem Glanz.
Ihr Licht zeigt uns den Weg.

Liebe im Glanz
Freyas.

Wir lieben uns mit ihrer Kraft
Und überstehen.

Liebe im Geist
Des Nordens.

Umschlungen von einem Band
Ist Liebe unser Pfand.

Liebe im Zeichen
Der Wanen.

Mit strahlender Kraft
Lieben wir uns jeden Tag.

Liebe im Zeichen
Freyas.

Wir lieben uns in ihrem Namen
Und ehren mit Liebe die Wanen.

Feuer der Liebe

Bei Freya,
Ich liebe dich.

Vor euch Göttern
Schwöre ich
Der Wahrheit Liebe.

Oh große Freya,
Lass sie mich
Erhören.

Oh große Nordgöttin,
Wie kann ich
Sie betören?

Bei Freya,
Ich bekenne mich
Zu meinen Gefühlen.

Mit Freya
Verbrenne ich
Im Liebesfeuer.

Eine morgendliche Umarmung

Sie nimmt mich in den Arm
Mit müdem Blick und
Klammert sich an mich.

Ich genieße den Moment.
Es ist kalt. Der Winter kriecht
Zurück in unsere Welt.
Ihre Umarmung wärmt mich.

Ich spüre die Liebe des Nordens.
Ich fühle Freyas Schwingen.
Sie ist das Licht des Nordens
Und will uns Liebe bringen.

Die Tage werden kälter.
Unsere Liebe wird heißer.
Wir fühlen tiefer
Und uns geliebter.

Freya sendet Wärme.
Freya spendet den Samen
Für neue, glückliche Tage
Und liebevolle Momente.

In Freyas Namen

Liebe
In Freyas Namen.

Umarme
In Freyas Namen.

Küsse
In Freyas Namen.

Halte deinen Liebsten
Ganz fest und lass ihn
Niemals wieder los!

Kuschel
In Freyas Namen.

Streichel
In Freyas Namen.

Verführe
In Freyas Namen.

Mache die sinnliche Liebe
Zu deinem Gottesdienst!

Zwischenwelt Erscheinung

In magischer Gestalt
Erscheint eine Frau
Und ergreift.

Im Zwielicht
Seh ich sie und
Erkenne meine Pflicht.

Verbunden durch das Band,
Welches die Liebe
Um uns schwang.

Gefunden hab ich
In ihr mein
Rettendes Licht.

Sie macht mich stark
Und verleiht mir
Des Schicksals Kraft.

Himmlische Liebe

Am Morgen liegt sie
In meinen Armen.
Ich genieße den warmen
Moment.

Ich sehe zu den Sternen
Und will Lieben lernen
Von meiner Göttin.

Freyas Liebe strahlt
Endlos und wahr.
Freyas Liebe macht
Uns alle stark.

Ein Kuss gibt sie
Mir mit auf den Weg.
Ihre Liebe ist es,
Die mit mir geht.

Wir haben uns gefunden
Durch göttliche Macht.
Der Himmel macht
Unsere Liebe stark.

Freya und Odin schauen auf uns

Freyas Liebe heilt das Leid. Freyas Liebe heilt die Welt. Denn unsere Welt ächzt hart. Unsere Welt darbt. Dieser Planet steht am Abgrund eines Klimakollapses. Dieser Planet stirbt. Wir Menschen müssen unsere Herzen öffnen. Wir Menschen müssen unsere Suppe endlich selber auslöffeln. Freyas Katzen schnurren und Odins Wölfe knurren. Wir Menschen haben Götter. Wir Menschen haben Schicksale. Wir haben alles in der Hand. Wir sind verbunden durch ein Band. Doch solange wir zweifeln, scheitern wir. Solange wir faulenzen, leiden wir. Freyas Liebe wartet und unser Schicksal startet genau jetzt!

Freyas Welt

Der Mond scheint
In Freyas Namen
Und ist unser Heim.

Die Sonne lacht
Mit Freyas Gesicht
Und macht uns stark.

Die Sterne funkeln
Mit Freyas Schwingen
Und wir schunkeln im Dunkeln.

Die Bäume singen
Lieder für Freya,
Während wir uns
Umeinander schlingen.

Die Blüten bestäuben
Mit Freyas Samen,
Von denen wir träumen.

Die Menschen tanzen
Freyas romantische Worte,
Die Liebe pflanzen.

Andere Umstände

Ihr schwaches Gesicht,
Wenn sie schwanger ist.

Sie kotzt Tag und Nacht
Nach der Liebesnacht.

Ich rufe Freya an
Um Schutz für
Den kleinen Mann.

Ich bete zu Freya
Um Schutz
Für die kleine Frau.

Die Tage bleiben aus
Und die frohe Botschaft
Ist raus.

Ein neues Menschenkind
Muss sein Schicksal finden.

Familiengöttin des Nordens

Die Liebe
In der Familie.

Das Band
Der geschwisterlichen
Gemeinschaft.

Freyas Kraft
Macht die Familien stark.

Freyas Liebe
Schützt die Familie.

Freya gibt
Den Familien viel.

Familien sind das Ziel
Wahrer, echter Liebe.

Familien sind die Triebe
Der Menschheitswiege.

Einsam

Einsam geht er ins Bett. Einsam schmiert er sein Morgenbrot. Die Sonne kitzelt ihn, doch sein Lachen ist einsam gestorben. Denn sein Herz ist erfroren. Zu lange lebt er schon allein. Zu lange ist er schon allein in dieser Millionenstadt.

Einsam geht sie ins Bett. Einsam suchtet sie im Internet und versucht den tauben Schmerz zu betäuben. Ihr digitales Smartphone ist kein Partnerersatz und der oberflächliche Versuch macht ihr tiefstes Innenleben noch trüber. Zu lange schon wuchert die Depression. Zu lange schon stirbt ihr Herz vor Einsamkeit.

Rette die Welt mit deiner Liebe! Rette die Welt mit deinem Katzenwagen. Erwecke die Herzen des Nordens. Erwecke die Herzen der ganzen Welt. Freya leuchte mit deinem Zauber. Freya leuchte mit deinem Herz.

Himmlische Bitten

Klein,
Wir bitten
Dich.

Verletzlich,
Wir bitten
Dich.

Hilflos,
Wir bitten
Dich.

Unschuldig,
Wir bitten
Dich.

Wir bitten
Dich Freya,
Beschütze
Unser Kind!

Sehnsucht

Die Stunden dehnen sich.
Fern ist der Moment des Wiedersehens.
Die Sehnsucht schmerzt mich.
Doch ich darf nicht aufgeben.

Die Macht der Liebe hat uns verbunden.
Freyas Macht hat uns vereint.
Wir haben uns verbunden
Und unsere Liebe keimt.

Freyas Hand schützt uns.
Sie lenkt unsere Schritte.
Mein Herz bumst
In nordischer Sitte.

Freya wird uns führen
Und unsere Gefühle schützen.
Ich will dich wieder spüren
Und bei allem stützen.

Freyas liebende Macht
Baut unser Heim.
Des Nordens Kraft
Soll unser sein.

Offenes Herz

Diese Welt braucht Liebe.
Dieser Welt fehlt Liebe.
Sie fehlt überall:
In den Städten, Dörfer, Feldern
Und Wäldern.

Freyas Liebe wartet.
Freyas Herz wartet.
Freya wartet auf dich
Und mich und jeden von uns.
Freya wartet darauf, uns
Mit Liebe zu überschütten.
Freya wartet darauf, uns
Ihr Herz zu öffnen.

Dieser Welt fehlt Liebe.
Dieser Welt fehlt Zärtlichkeit.
Dieser Welt fehlt Nähe,
Sanftheit und Vertrautheit.
All das gibt Freyas Liebe
Dir und allen, die sich
Für sie öffnen.

Freyas Kinder

Wir brauchen dich!
Erhöre uns und
Verlass uns nicht.

Wir suchen dich.
Leuchte hell und
Wir finden dich.

Wir wollen dich.
Dein Strahlen schützt
Und wir wissen es.

Wir hören dich,
Wenn du die Liebe lehrst
Und unser Herz berührst.

Wir lieben dich,
Weil du unsere Göttin
Des Lichts bist.

Tag und Nacht

Tränen vergehen.
Liebe überlebt.

Riesen zerstören.
Freya baut auf.

Hoffnung stirbt.
Das Herz vergibt.

Die Schlange frisst.
Freya erhebt.

Verlassen schmerzt.
Liebe hat Wert.

Der Wolf beißt.
Freya schweißt.

Zweifel zerfetzen.
Weisheit kann retten.

Die Hölle erfriert.
Freya gebiert.

Lichtgöttin

Dunkle Tage ziehen übers Land. Krieg und Hunger liegen in der Luft. Die Herzen sind gespalten. Die Zungen sind hart und schneiden tief ins Fleisch. Ich schließe meine Augen nur für einen Moment. Das rettende Bild entsteht.

Sie ist der rettende Engel. Sie ist das Licht in der Finsternis. Sie überstrahlt alle Düsternis dieser Welt. Sie ist meine strahlende Wanin.

Aus der Welt Wanaheims, aus der Heimat des strahlendsten Lichts, aus dem glorreichsten Himmel allen Scheinens tritt sie vor mich: Freya die Lichtgöttin.

Asgard fühlt

Freya schwingt
Und Thors Herz erbebt.

Freya singt
Und Odin beginnt
Sein Balzen.

Freya lacht
Und Sigyns Herz
Wird schwach
Und erliegt Loki.

Freya träumt
Und Milliarden Menschen
Schäumen.

Freya sendet
Liebe in die Welt.

Freya ist Friggs
Gewinn.

Der fliegende Katzenwagen

Gespannt vor ihren Wagen sind ihre beiden Katzen. Freya fliegt mit ihnen hoch oben in der Luft durch die Menschenwelt, unsichtbar für das Auge der sterblichen Erdenkinder. Sie sucht nach den Herzen, in denen das Feuer der großen Liebe lodert. Sie sucht nach der wahren Leidenschaft. Findet sie ein Herz, dass mit der reinen Kraft wahrer Liebe schlägt, webt sie einen Zauber, damit es einen Gegenpart findet. Denn die Liebe will sich verbinden. Die Liebe will sich vereinen. Die Liebe will teilen. Die Liebe will die Welt heilen.

Glaubt!

Liebe hat die Macht, die Welt zu retten!

Du zweifelst! Ich seh's! Du zweifelst, dass Liebe die Macht hat, die ganze Welt zu retten. Aber ich sage dir: Du zweifelst an dir und nicht an der Liebe.

Zweifel nicht. Zweifel nicht an dir. Zweifel nicht an der Liebe. Glaube! Glaube wirklich. Glaube mit allem, was du bist. Glaube an die Liebe. Glaube an ihre Macht. Glaube an Freya.

Unsere Göttin der Liebe ist Freya. Ihre Macht ist Liebe und Liebe rettet die Welt.

Digitale Liebe

Moderne Technik verbindet,
Damit ferne Liebe sich findet.

Freya kreist in den Datenbahnen,
So wie alle digitalen Wanen.

Freyas Liebe gibt's im Internet
Und wird interaktiv verschickt.

Auf unseren Handys schreiben,
Was unsere Herzen anweisen.

Die digitalen Götter
Sind auch Liebesritter.

Freyas Computermacht
Hat unsere Liebe wahr gemacht.

Glück und Liebe

Was ist der Lebenssinn,
Wenn nicht Glück und Liebe?

Was will uns die Göttin geben,
Wenn nicht Glück und Liebe.

Freya liebt das Glück.
Freya strahlt glücklich,
Wenn wir verliebt sind.

Freyas Glück ist Liebe.
Freya liebt das Glück.
Wenn sie mit ihren Katzen
Durch Midgard zieht,
Sät sie die Samen
Des wahren Glücks.

Die Göttin des Nordens:
Freya ist ihr Name,
Bringt Glück und
Sie bringt Liebe.
Vertraue ihr!

Nur die Eine

Viele Frauen.
Nur einer vertrauen
Und auf die Liebe
Der Nordgöttin bauen.

Viele Möglichkeiten,
Aber die Wahrscheinlichkeit
Ist groß, dass die wahre Liebe
Bei einer bleibt.

Ich bin glücklich
Und mit Freya ist verständlich,
Wie besinnlich
Meine Beziehung ist.

Nur eine Frau lieben
Mit sexuellen Trieben,
Über die andern hinwegsehen
Und freyisch lachend tanzen
Gehen.

Nordstern

Freyas Weg
Ist Frieden.
Freyas Wahrheit
Ist Liebe.

Freya ist
Das Licht des Nordens,
Welches über die ganze Welt
Strahlt.

An Freya glauben,
Heißt auf Liebe
Zu vertrauen.

Mit Freya gehen,
Heißt gütig leben
Und Liebe geben.

Freyas Kraft
Hat die Macht,
Dein Herz zu verzaubern.

Freyas Stern
Leuchtet noch fern.
Doch der Tag ist nah,
Da überall Freyas
Liebe strahlt.

Streichelnde Finger

Wenn ich träume,
Bin ich frei.
Nur die Göttin
Sieht mich dabei.

Wenn ich lache,
Kann ich nicht hassen,
Stattdessen mit der Göttin
Tausend Dinge machen.

Wenn ich tanze
Und mit den Füßen stampfe,
Hört mich die Göttin
Und klatscht.

Wenn ich küsse
Voller Genüsse,
Fühlt die Göttin
Und sprüht Funken.

Wenn ich lebe
Und nach ihr strebe,
Weiß die Göttin
Um der Liebe Preis.

Die Macht der Liebe

Liebe kann die Welt retten! Zweifelst du noch daran. Dann sieh in dein Herz. Vergiss für einen Moment die Welt. Vergiss für einen Moment deinen Schmerz. Vergiss sogar den Weltenschmerz. Sieh einfach nur in dein Herz!

Wenn du die Welt vergisst und einfach nur noch die Liebe in dir bist, dann begreifst du ihre große Kraft, mit der sie alles schöner macht. Ja, Liebe hat die Macht, diese Welt zu verzaubern. Ja, wahre Liebe ist sogar so stark, alle Feindschaft zu vernichten.

Die Göttin der Liebe in dir zeigt dir den Weg. Die Göttin der Liebe zeigt der Welt den Weg. Liebe hat Macht. Liebe ist die Kraft, diese Welt zu verbessern. Liebe ist so stark, dass sie unsere seelischen Wunden heilt und Liebe befreit uns für immer vom Hass.

Trennung

Ihr Herz
Mein Schmerz
Fern wahr
In mir nah

Freyas Macht
Schwingen tragen
Romantische Illusion
Fehlende Version

Trennen
An ihr hängen
Gedanken verlängern
Wahrheit zerplatzt

Göttin hilf
Ein Herz siecht
Ein Zweites unbekannt
Weggerannt

Lebenslöcher
Amors Köcher
Dunkler Pfad
An diesem Tag

vor Freya geschworen

Treue
Ohne Reue
So schwöre
Ich

Mein lauter
Treueschwur
Auf weiter Flur
Damit ihn die
Geister hören

Treue
Ohne Reue
Freya sei
Mein Zeuge

Ahnen hört
Meinen Treueschwur
Zu ihr
Damit unsere Linien
Fortlieben

Wanisch

Ich greife ins Nichts.
Wieder ist sie da nicht.
Wieder ist sie fern
Und unnahbar.

Hier bin ich allein.
Göttin soll es so sein?
Ich will in ihr Herz rein
Und mich vereinen.

Dunkle Wolken kleben
Am Horizont und weben
Dunkle Gedankenberge,
Die zu meinen Särgen werden.

Meine letzte Hoffnung
Ist mein freyisches Gebet.
Der Tag ist reine Dämpfung
Für der Liebe Weg.

Arme Menschen wagen
Im Geiste der Wanen.
Ich will wanisch wagen
Und ihr Herz erlangen!

Sessrumnir auf Folkwangr

Die Liebe rettet mich vor dieser kalten Welt in der die Ellenbogen-Mentalität regiert. Es ist rau dort draußen. Es ist einfach einsam, denn jeder kümmert sich nur um sich selbst, aber niemand mehr lebt und versteht, dass wir zusammen glücklicher sind.

Ein Ort liegt fern. Er ist das Feld des Volkes und auf ihm steht eine große Halle zum Sitzen. Sie tanzt und feiert. Mit ihr tanzen und feiern viele. Bei ihr lebt die Gemeinschaft noch. Bei ihr fühlt ihr euch niemals einsam. Sie ist es, die euch echte Geborgenheit gibt. Sie ist es, die eure Liebe vor den Stürmen schützt.

Diese Welt ist kalt und nah. Ihre Welt ist fern und warm. Es ist besser in die Ferne zu wandern und eines Tages glücklich zu werden, als hier langsam zu erfrieren. Es ist besser an die Liebe in Freyas Welt zu glauben, als sich vom Hass hier alle Hoffnungen rauben zu lassen.

Falsche Treue

Das Ende naht.
Der finale Tag.

Kann Liebe retten?
Die Herzverletzten.

Freyas wahre Wogen.
Vom Wind zerstoben.

Wilder Sonnenschein.
Zerbrochenes Alleinsein.

Karges Brot.
Ohne Freyas Lohn.

Sinnloser Klang.
Herzloser Straßenrand.

Geraubte Seelen.
Emotional entweben.

In der Höhle tropft.
Gestorbenes Hoffen.

Verborgener Rosengarten

Die Tränen enden,
Wenn die Liebe
Das Dunkel wendet.

Freyas Schleier fällt
Und offenbart
Eine neue Welt.

Es ist die Welt
Der Liebe und Zweisamkeit,
Die zusammenhält.

Freyas wilde Wogen
In den Stürmen
Wenn Liebende tosen.

Freyas wilde Jagd
Nach der finalen
Liebesnacht.

Hilf uns!

Mein Volk darbt Freya.
Hilf uns!

Ich bitte dich große Göttin,
Hilf meinem Volk!

Zeig uns den Weg.
Lehre uns deine Weisheit.
Sende uns deine Zeichen
In der dunklen Nacht.

Mein Volk erfriert Freya!
Wir erfrieren an Herzlosigkeit.
Wir erfrieren wegen
Der steigenden Energiepreise.
Mein Volk erfriert Freya,
Bitte sende uns deine Wärme!

Wir brauchen dich!
Wir brauchen dich!
Wir brauchen dich!
Sei unser Licht!
Zeig uns den Weg!
Lehre uns die Weisheit,
Die ins gelobte Land führt.

Freya, wir brauchen dich!

Eine Träumerin

Freya träumte, während sie mit ihren Katzen unsichtbar durch die Welt der Menschen flog. Sie sah in ihrem Traum, wie alle Menschen glücklich verliebt waren. Sie lächelte. Denn sie sah die Menschen sich küssen und umarmen. Fast stieß sie mit einem Adler zusammen, der hoch in den Lüften seine Bahnen zog. Sie erwachte mit einem Schrecken aus ihrem Traum. Sie konnte den Zusammenstoß knapp verhindern. Schon stieg ihr der fiese, beißende Geruch in die Nase von dem Industriepark unter sich. Die großen Schornsteine spuckte den giftigen Dampf aus. Sie sah die bleichen Gesichter der Arbeiter. Sie spürte ihre kalten Herzen, die von der harten Realität ausgezehrt waren. Sie schwor etwas zu ändern. Denn ihr Auge flog über die ganze Erde und sie sah zu viele Menschen, deren Herzen erfroren. Zu vielen starb die Hoffnung. Zu wenige glaubten noch an die wahre Liebe. Sie musste das ändern. Sie musste die Liebe säen. Sie musste der Menschheit den Glaube an die Liebe zurück geben!

Stürmende Göttin

Ich bete in dunklen Nächten
Während der Monsun tobt.
Schwere Wolken hängen
Am Himmel und die Welt
Droht zu ertrinken.

Wir alle sind allein
Solange wir zweifeln.
Wir alle sind einsam
Solange wir vermeiden,
Uns der göttlichen Liebe
Zu öffnen.

Wir alle sehen zu den Sternen.
Wir alle lernen
Von den Zeichen,
Die uns die Götter senden.
Wir alle werben mit
Unseren heißen Kernen.

Freyas Sturm tobt.
Sie wütet in tosenden Wogen.
Freya ist des Nordens Liebe.
Sie sät die neuen Triebe.
Für sie trotze ich dem Monsun.
Für sie stürme ich durch jeden Sturm.
Für sie gehe ich bis ans Ende der Welt.

Sonnige Freya

Tränen der Sonne
Über jedes gebrochene Herz.
Tränen der Göttin Freya
Über unerfüllten Liebesschmerz.

Die Sonne strahlt
Voller Güte.
Unsere Freya strahlt
Voller Güte.

Die Sonne wärmt
Unsere kalte Welt.
Freya wärmt
Die kalten Herzen.

Die Sonnenstrahlen tanzen,
Wenn die Menschen lachen.
Unsere Freya tanzt,
Wenn jedes Herz lacht.

Die Sonne nährt
Die ganze Erd.
Unsere Freya gewährt
Ein Leben voller Liebe.

Meine Rettungsinsel

Ein kalter Morgen.
Das warme Herz
Neben mir rettet mich.

Dunkle Tage in
Denen die Krankheit
Alles raubt. Doch sie
Neben mir ist mein Anker.

Der Krieg brachte
Die Inflation. Mein Geld
Wird knapp, doch ihr
Reicht Luft und Liebe
Zum Leben.

Mein Glaube an Freya
Ist wahr und doch
Verzweifel ich manchmal
An den Härten der Welt.
Ihre Zärtlichkeit bringt
Mich durch des Zweifels Tal.

Eheschwur

Ein Schwur
Auf Ewigkeit
Oder zumindest
Solange wie
Das Leben weilt.

Ein Schwur
Auf Treue
Ohne Reue,
Denn teuer
Ist jeder Moment.

Ein Schwur
Für Freya,
Denn ihr Aroma
Ist die Liebesära.

Ein Schwur
Des Herzens,
Das die Werte
Wahrer Liebe ehrt.

Loyaler Beistand

Blut.
Ihr Blut.
Ich erbebe.

Freya
Hilf ihr,
Das zu
Überstehen.

Es war
Nur eine
Operation.
Der Schmerz
War groß.

Bald kommt
Unser Sohn.
Der Schmerz
Wird größer.

Ich halte
Ihre Hand.
Ich leiste
Ihr Beistand.
Ich bete
Zu Freya.

Endlich

Der Sonnenstrahl kitzelt mich und ich lache.
Dieser Tag ist das schönste Geschenk meines
Lebens. Nicht nur Monate und Jahre; sondern
Jahrzehnte lang habe ich gewartet. Jetzt ist sie
endlich da -Freya sei Dank - die Eine!

Plötzlich fühlt sich der Regen an wie ein wilder,
romantischer Tanz auf meiner nackten Haut.
Plötzlich ist der Wind ein himmlisches Kind,
das mir ihre Worte ins Ohr flüstert.

Das Leben ist schön. Es ist sogar noch schöner.
Dann fühle ich sie. Ich spüre ihre nackte Haut
perlend auf meinem Haar. Sie krault mich und
streichelt mein Glied. Dies muss das schönste
sein. Dies muss die legendäre Liebeslust der
Wanen sein. Wir sind frei in der wahren Liebe
zu scheinen.

Sie schützt euch!

Liebe heilt.
Freya zeigt.

Küsse schützen.
Freya nützt.

Umarmen hilft.
Freya gibt.

Kuscheln entspannt.
Freya dankt.

Streicheln weilt.
Freya befreit.

Ficken fühlt.
Freya berührt.

Heiraten vereint.
Freya leitet.

Heilsgöttin

Ihr Leid.
Sie schreit.
Der Schmerz ist groß
Und frisst unser Glück.

Sie leidet
Bitterlich.
Sie wird
Kränklich.

Ich will helfen!
Oh Freya,
Zeig mir wie!
Zeig mir den Weg.

Ich bin ihrer.
Ich will ihrer
Bleiben und mich
Sorgen, wenn sie
Leidet.

Oh Freya, gib mir Kraft.
Oh Freya, gib mir Mut.
Oh Freya, gib mir Weisheit.

Oh Freya, ich bitte dich,
Lehre mich zu heilen.
Oh Freya, ich bitte dich,
Verleih mir die Weisheit
Des Heilens.

Freyas Trost

Wenn das gebrochene Herz schreit,
Ist Freya nicht weit,
Um zu trösten.

Wenn das Herz in tausend Stücke zerfällt,
Ist es Freya, die den Rest zusammenhält.

Wenn der Liebste ist fern,
Zeigt dir Freya den Liebesstern.

Wenn deine Tage dunkel sind,
Weil die Liebste verliert euer Kind,
Dann ist es Freya, die euch neues
Glück spinnt.

Wenn deine Hoffnung stirbt,
Ist es Freya, die um dich wirbt.

Wenn dein Herz weint,
Ist Freya bereit,
Dich zu versorgen.

Vertrau auf Freya
In der dunklen Nacht,
Denn ihre Kraft
Hat die Macht wahrer Liebe.

Freyas Tanz

Freya lacht,
Wenn ein Herz tanzt.

Wenn ein Herz tanzt,
Wird auch ein Zweites tanzen.

Der Liebestanz scharrt,
Damit ihr euch paart!

Tanzt mit wildem Schritt.
Lebt Freyas Ritt.

Tanzt die ganze Nacht
Mit Freyas Kraft.

Tanzt weiter wild
Im Morgenlicht.

Tanzt mit der Magie
Des Augenblicks!

Freyas Ära

Träume werden wahr
Am Freyatag.

Herzen strahlen
Bei Freyas Gaben.

Liebe wächst
In Freyas Nest.

Hoffnung nährt,
Wer Freya begehrt.

Liebesschwüre
Bei Freyas Flügen.

Tränen weichen
In Freyas Reichen.

Heile Leben gebären
Wenn wir Freya verehren.

Ehe leben
An Freyas Reben.

Freyas schützende Hände

Zarte Berührungen
Geschützt von Freya.

Sanftes necken
Geschützt von Freya.

Wildes Küssen
Geschützt von Freya.

Bettschlachten
Geschützt von Freya.

Bis vor den Traualtar
Geschützt von Freya.

Die Göttin der Liebe
Schützt die Liebenden.

Die Göttin der Liebe
Schützt die Herzen.

Sessrumnir

Diese Welt ist kalt,
Ich will nach Sessrumnir.

Diese Welt erfriert
An Herzlosigkeit,
Ich will nach Sessrumnir.

Diese Welt hasst und
Ist arrogant und stumpf.
Ich will nach Sessrumnir.

In dieser Welt betrügen
Sich die Menschen.
Ich will nach Sessrumnir.

In Freyas Halle ist
Es warm und gemütlich.
Ich will nach Sessrumnir.

In Freyas Halle ist
Die Liebe lebendig.
Ich will nach Sessrumnir.

In Freyas Halle finde
Ich Gleichgesinnte.
Ich will nach Sessrumnir.

Träumende

Der Traum
Von Liebe

Freyas
Traum

Nähe und
Vertrauen

Freya ist
Nah

Freya kannst
Du vertrauen

Der Traum
Der Liebe

Ein alter
Menschheitstraum

Sich verbinden

Gewalt zerteilt.
Nur Liebe heilt.

Liebe heilt
Dein krankes Herz
Vom blinden Schmerz
Und dunklem Leid.

Freya weint,
Wenn du leidest.
Freya lacht mit euch,
Wenn ihr euch freut.

Sieh Freyas Wirken
In den Birken.
Spüre Freyas Macht
In der Liebe Pracht.

Hass zerreißt,
Während die Liebe
Zusammenschweißt.

Dunkelland

Herzblut.
Der Schwur gebrochen.
Die Liebe zerronnen.

Täler der Tränen
Aus Blutbächen.

Die Göttin hängt
Kopfüber.

Fern in Hel.
Ewige Weh.

Freya darbt
Unerkannt.

Freya verlangt
Deinen Herzenspfand.

Mühlen der Qual.
Geburtsstunde
Der Saga.

Winter, Sommer, Herbst und Frühling

Geküsst
Vom morgendlichen Glück.

Getaucht
In einen Liebeshauch.

Freya strahlt
Überirdisch wahr.

Wanaheim
Wird deine Liebe sein.

Träume
Mit pinken Schäumen.

Liebe
Im wilden Triebe.

Lebe
Der Göttin Reben.

Gib
Mehr, als du bist.

Dunkles Licht

Dort wo der Hass endet,
Die Liebe beginnt.

Dort wo das Herz schlägt,
Freya ist.

Die Dunkelheit kehrt
Ins Licht.
Die Hoffnungslosigkeit stirbt
Und gebiert ein Kind des Lichts.

Freyas Reigen kreisen
In den alten Weisen.
Viele Heiden weiden
Ihre Lüsternheit.

Dort im Licht
Und in der Dunkelheit auch
Steht ein kleines Götterkind
Und reift zur Frau.
Ihr strahlender Kranz
Wird die Kraft des Nordens genannt,
Die Liebe erschafft.

Göttliche Liebestänze

Ich tanz in ihr
Im reinsten Glück.
Es quillt und drängt
Zum höchsten Erguss.

Der Moment,
Wenn die Göttin vereint.
Der Moment,
Wenn Liebe im Leib.

Freya wirkt
Mit reinem Herzen.
Freya lobt
Mit grenzenlosem Glück.

Ich tanz in ihr
Und vereine mich.
Sie tanzt in mir
Vom göttlichen Stich.

Freya erwirkt,
Was gewünscht.
Freya verbindet
Die liebenden Herzen.

Trennung

Einsam
Und
Allein.

Tropft
Rot das Blut.
Alter Schwur
Mit freyschem Mut.
Harter Schlag
Der Realität.

Stiller Tod.
Erbarmungslose Not.
Im Allein.

Freyas Macht
Ohne Kraft
Übers Verlassene.

Weg.
Verlassen.
Ohnmacht.

Strahlende

Er steht am Meer
Und wünscht sie sich her.

Njords Wellen toben
Und haben das Band gewoben.

Freyas Schwüre binden,
Damit sie sich finden.

Freyrs Kraft schafft
Der Liebe Macht.

Wanaheims Licht strahlt,
Was zwei Herzen gemalt.

Auf dem Feld des Volkes kuscheln
Und lüstern tuscheln.

In der Halle sitzen
Und sich innig küssen.

Ihre Liebe wurde wahr
Und hält bis zum letzten Tag.

Freyas Liebestanz

Bring, schwing und sing.

Bring Freyas Namen
Und sing ihn ohne Pause.

Schwing. Schwing.
Wackel und tanz.
Schaukel entlang.

Trau dem Traum
Und vertrau.

Trau Freyas Zeichen.
Leb den Traum deines Herzens.

Vertrau drauf.
Vertrau auf Freya.

Tanz immerzu
Und gib niemals Ruh.
Freya schwingt mit dir.
Freya hört dir zu.
Freya liebt dich!

Teenagerliebe

Wenn er träumte,
Sah er sie.

Ob morgens
Oder spät,
Sie kroch
In sein Gehirn.

War es Folter
Oder Qual;
Denn sie war
Unnahbar hart.

War es Liebe
Oder Schicksal,
Denn sie war
Unnahbar zart.

Waren es die Götter
Oder die nördliche Liebesgöttin
Und hatten sie einen Plan?

Liebeszeit

Wie können wir Liebe empfangen,
Wenn wir nicht vorher Liebe geben?

Wie können wir die Göttin empfangen,
Wenn wir uns vorher nicht der Göttin
hingeben?

Öffne dein Herz für die Welt! Öffne dein Herz
für die Göttlichkeit! Sei für die Liebe bereit. Sei
bereit, mit deinem ganzen Herzen zu lieben!

Freya wartet auf dich. Sie wartete auf jedem
Stück deines Weges. Du wunderst dich, wo die
Liebe bleibt. Aber Freya war immer bereit, dich
mit Liebe zu überschütten. Doch du hast
gezweifelt. Du hast geschwankt. Du hast dich
nicht getraut, zu zugreifen!

Sei bereit! Sei allzeit bereit! Sei Liebes bereit
allzeit!

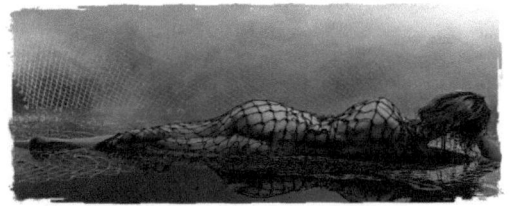

Mein Sein

Meinen Traum
Kann ich in ihr
Erschauen.

Mein Sehnen
Kann nur Freya
Erhören.

Mein Wunsch
Nach Liebe ist
Gesund.

Mein Streben
Möge Freya
Erfüllen.

Mein Sein
Muss Liebe
Sein.

Mein Herz
Dankt Freya
Für den Wert
Der Liebe.

Freyas Macht
Gibt mir der Liebe
Kraft.

Magischer Nordstrom

Ich fliege
Auf himmlischen Schwingen
Und klinge mit Engelszungen.

Sie liegt
In meinen Armen
Wie im Himmelsreich.

Sie ist mir
Einem Engel gleich.

Des Nordens Hort sorgt
Für unser sicheres Nest.
Des Nordens Wort
Hält unsere Liebe fest.

Freyas Sphären erheben
Uns in magische Gefilde.
In Bächen und Wäldern
Und durch die Felder
Zieht der Duft unserer Liebe.

Liebesorakel

Wohin die Liebe fällt,
Wohin die Liebe geht;
Das steht in den Sternen.

Orakel verkünden und
Magische Wesen
Senden Zeichen.

Wir alle wollen wissen,
Wer unser Herz erobert
Und es im Sturm nimmt.

Wir befragen die Karten,
Die Knochen und viele
Andere wunderliche Sachen.

Wir wollen die Zukunft
Lesen und verstehen
Unserer Herzen Wege.

Göttliche Knoten

Ihre Augen
Voll Sehnsucht gespickt.
Ihre Lippen
Haben funkelrot geblitzt.

In ihrem Licht
Die Göttin tanzt.
In ihrem Glanz
Die Göttin erscheint.

Ihr Wallen und
Stürmen erobert.
Ihr Sehnen und
Hoffen betört.

Ihr nackter Busen
Ist blanke Mütterlichkeit.
Ihr sanfter Schoß
Für den Spross bereit.

Der Popo
Lacht mich nackt an.
Die Göttin
Webt das Liebesband.

Göttliche Natur

Ich habe geliebt
Und die Göttlichkeit gespürt.

Die Strähnen ihres Haares perlten
Wie kleine Engelsherzen.

Ihr Duft zog mich magisch an
Und nahm mich gefangen.

Der Liebe Macht
Stammt aus göttlicher Kraft.

Ihre Macht über mich
Ist das jüngste Gericht.

Ich bin ihr verfallen
Und werde es nie bereuen.

Ihre Weiblichkeit
Ist irdische Göttlichkeit!

Erste Gebete

Kaum zehn Jahr und seitdem war die Liebe
Kern meines Lebens. Was fühlte schön,
verwandelte sich oft in Hohn, dem der Schmerz
und ein zerbrochenes Herz folgte.

Ich lernte zu beten um die Angebetete. Ich sah
zum Himmel rauf und lernte zu glauben an den
Schicksalslauf. Ich begriff, der Liebe Macht
hatte die Welt gemacht. Ich sah ganz klar und
erbat den Tag, von dem an die Liebe mein
Leben glücklich macht.

Uns Menschen treibt die Liebe an Tag für Tag.
Wir sehnen und wir streben nach der Liebsten
und mixen magische Säfte, um die Liebe zu
mästen.

Jetzt ist sie da und die Liebe wahr. Ich sehe
ganz klar der Göttin Taten, die einst von mir
erbeten. Die Liebe kam auf himmlischen Pfaden
und bleibt bis zum jüngsten Tag.

Göttliche Geschenke

Die Göttin schenkt
Mir ihr Licht.
Deshalb denkst
Du an mich.

Die Göttin leiht
Mir ihre Kraft.
Deshalb hat dein Leib
Mich angeschmachtet.

Die Göttin wirbt
Mit ihrer Liebe.
Deshalb entzündet
Dein Liebestrieb.

Die Göttin segnet
Meine Worte.
Deshalb schwebst
Du zu meinem Orte.

Die Göttin tanzt
Durch mein Leben.
Deshalb labst du dich
An meinen Reben.

für immer

Angst
Sie geht
Oder
Ein Tornado
Nimmt

Wehe
Es vergeht
Wonach
Mein Herz
Bebt

Ich bete
Zu ihr
Zu allen
Göttern
Ums bestehen

Ich hoffe
Auf Freya
Um das Glück
Der ewigen
Liebe

Lila

Nur der Gedanke ohne die Göttin meines Herzens zu sein, zerreißt mein kleines Herz. Mein Leben getaucht in Finsternis allein vom Schmerz, wenn ich mir vorstelle, dass sie von mir geht.

Sie aus göttlicher Sphäre! Sie mit dem Schlüssel zu meinem Herzen! Sie mit der Macht, all mein Glück für immer zu nehmen; denn sie ist mein Glück und das würde vergehen, wenn sie von mir geht.

Göttin mein, lass uns
Für immer zusammen sein.
Göttin mein,
Erlös mein Sein
Von der Qual des Vermissens
Nach dir.
Göttin mein, lass mich ein
Und schick mich nimmermehr fort.
Denn du bist mein Heim,
Meine Sonne und das Höchste in meinem
Herzen!

Verlustangst

Ein Auge weint.
Ein Auge lacht.
Die Göttin ist
Und doch zweifel ich.

Mein Herz zerreißt.
Sie ist mein Ein
Und Alles. Sie ist mein
Und soll es bleiben.

Der Göttin gehört
Mein fühlendes Herz.
Der Göttin gehört
Jeder Teil von mir.

Sterben muss ich,
Wenn sie geht.
Sie ist mein Atem
Und der Schlag
Meines Herzens.

Meine Göttin

Sie tobt in mir.
Mein Herz verzerrt sich nach ihr.
Ihr gilt jeder Atemzug.
Allein ihre Göttlichkeit ist mir genug.

Jeder Gedanke gilt ihr.
Nie will ich sie verlieren.
Nie will ich ohne sie sein,
Denn sie ist mein Ein
Und Alles.

Mein Herz das ihre.
Mein Leben soll ihr gehören.
Jeder Atemzug nur für sie
Und in jedem Traum ist sie
Mein Ziel.

Göttlich ist ihre Natur.
Dich Göttin brauch ich nur.
Keine Uhr reicht heran.
So sehr ich die Zeit liebe.
Du Göttin bist mein Pfad!

Licht im Nichts

Dunkle Nacht
Zu zweit verbracht.

Desillusioniert
Miteinander
Kommuniziert.

Der Göttin Licht
Zerbricht das Nichts,
Dass unsere Herzen
Umschlingt.

Der Göttin Macht
Hat die Kraft,
Uns aus der Dunkelheit
Zu führen.

Ich halte deine Hände
Und glaube an die Wende.
Ich spüre dein Herz
Und vergesse den Schmerz.

Mit der Göttin Liebe
Strahlen unsere Triebe
Neu und erleuchten
Die Welt.

Danke

Wir träumen unser ganzes Leben von der wahren Liebe. Ich habe sie jetzt gefunden, dank der Göttin der Liebe.

Die ganze Welt sucht die wahre Liebe. Ich habe sie jetzt gefunden, dank der Göttin der Liebe.

Jeder Menschen will in seinem Herzen die Liebe fühlen. Ich kann sie jetzt spüren, dank der Göttin der Liebe.

Alle Wesen sehnen sich nach dem großen Liebesglück. In meinem Leben ist es jetzt, dank der Göttin der Liebe.

Jeder von uns träumt mit einer geliebten Seele alt zu werden. Ich tue es jetzt, dank der Göttin der Liebe.

Gefunden

Die Liebe greift nach mir
Und ich bin endlich bereit.
Jahre aus Kummer und Sorgen
Sind wie weggefegt.

Die Göttin gab mir Kraft.
Freya ist ihr Name.
Mit ihrer göttlichen Macht
Kam die Liebe zu mir zurück.

Küsse am Morgen und
Kuscheln im Sonnenuntergang;
Das ist mein neues Leben
Und es darf ewig so weitergehen.

Die Göttin hat mich erhört
Und wahre Liebe mein Herz berührt.
Freya schenkte mir das Glück
Und hat mein Herz verführt.

Jetzt bin ich frei,
Frei mit allem zu lieben.
Jetzt ist mein Leben schön,
Getragen von Freyas Flügeln.

Liebessucht

Bin ich süchtig nach Liebe? Ich gestehe, ich bin's. Ich verzehre mich nach dem sinnlichen Triebe. Ich verzehre mich nach der Göttin der Liebe.

Bin ich ein Liebes-Junkie? Ich gestehe, ich bin's. Ich brauche den Liebesrausch, wie die Luft zum Atmen. Ich brauche das Gefühl, dass meine Göttin über mich wacht dringender als Wasser.

Bin ich ein Liebessüchtiger? Ich gestehe, ich bin's. Mein ganzes Leben gilt der Liebe. Jeden Tag brauche ich die Liebespille. Jeden Tag brauche ich meinen Liebesschuss. Jeden Tag schütte ich den Nektar der Liebe in mich rein.

Bin ich abhängig von Liebe. Ich gestehe, ich bin's. Ich komme nicht mehr klar ohne Liebe. Ich krieg Entzugserscheinungen, wenn ich die Göttin der Liebe nicht spüre. Ich brauche Liebe, weil ich ein liebestoller Abhängiger bin!

Die perfekte Göttin

Der perfekte Morgen.
Ich hab ihn gefunden
Und küsse sie wach.

Der perfekt Tag.
Ich hab ihn gefunden
Und halte ihre Hand.

Das perfekte Paar.
Ich bin es geworden
Mit ihr an meiner Seite.

Das perfekte Leben.
Ich hab es gefunden,
Denn sie liebt mich.

Die perfekte Göttin.
Ich hab sie gefunden.
Denn sie ist mit mir
Tag und Nacht.

Liebeskost

Worum sich sorgen,
Wenn Liebe unsere Nahrung ist?
Wovor sich fürchten,
Wenn Freya uns beschützt?

Der Liebe Kraft
Hat die grenzenlose Macht,
Uns alles zu geben,
Was wir brauchen zum Leben.

Freyas Macht
Ist die grenzenlose Kraft,
Uns vor allem zu schützen
Und uns alles glücken
Zu lassen.

Die Liebe zu Freya
Und Freyas Liebe
Sind mein Pfand,
Sind mein Glück,
Sind meine Nahrung
In jedem Augenblick!

Ihre Träume

Sie winkt mir zu
Und ruft meinen Namen.
Ich weiß in ihren Träumen
Bin ich zärtlich und nah.

Ihre kleine Fantasie
Spielt ein Spiel mit ihr.
Sie wünscht und hofft
Und sieht zum Himmel hoch.

Nur Freya kann ihr geben,
Die Erfüllung ihres Strebens.
Sie verwandelt sich von der Raupe
In einen strahlenden Schmetterling.

Ich sehe sie wieder und
Sehe sie zum erste Mal.
In meine ganzen Glieder
Zieht freyrsche Magie.

Engel im Schnee

Der Schnee tanzt im Wind.
Ich spüre, dass ich Freyas Kind bin.

Ich male ein Herz in den Schnee
Und schenke es den Göttern
Wie Glücksklee.

Die Höheren sind mit mir,
Egal wie doll ich frier´.

Die Götter schützen mich
Und belehren mein Über-Ich.

Weiter fällt weiß der Schnee
Und weckt in mir Heimweh
Nach Asgard und Wanaheim,
Denn ich will bei meinen Göttern sein!

Dunkle Bettstadt

In ihren Armen
Will ich sterben
Und meine Erben
Sollen aus ihrem Becken
Werden.

Sie ist der Stamm
Und ihre Liebe
Hat mich eingefangen.
Haben die Götter
Uns verbunden oder
Haben wir uns
Aus Schicksal gefunden?

Während ich sie nehme,
Schaue ich hoch und sehe
Die Götter und Göttinnen.
Ich sehe Freya und
All die anderen Liebesgöttinnen.
Ich atme aus und stöhne.
Sie stöhnt und schreit
Wild meinen Namen:
Diesen wird sie tragen
An allen kommenden Tagen.

Das Licht aus Wanaheim

Am Gestade
Des Weltenmeeres

Wartende
Seelenteile

Strahlendes Wanaheim

Die Liebesgöttin des Nordens sitzt im Baum Yggdrasil und schaut über zahllose Welten. Ihr Schicksal ist erwählt und gegeben. Ihr Schicksal ist die Liebe der Wesen. Jedes soll finden seiner wahren Liebe Raum. Sie schaut und sieht die Wesen. Viele sind glücklich vereint, doch einige weinen. Sie sind einsam. Sie sind Suchende. Denn das Gegenstück ihrer Liebe zu finden, ist ihnen noch nicht geglückt. Ein Licht will sie leiten; will sie leiten zur Liebe; will sie leiten zur Erfüllung all ihrer Herzenstriebe. Es ist das Licht aus Wanaheim!

Die alte Kuscheldecke

Mein gutes Herz
Kennt den Schmerz
Der Einsamkeit und
Des Verlassen werdens.

Freyas Licht
Küsste mich nicht,
Obwohl ich betete
Und hoffte.

Viele dunkle Tage
Und einsame Jahre
Suchte ich sie
Und fand doch nicht.

Freyas Weisung erbeten,
Doch die Hoffnung zertreten
Und Nachts lange geweint,
Bevor der Schlaf mich entführte.

Wieder will ich beten
Und den Liebespfad betreten,
Damit mein einsames Herz lacht
Und endlich glücklich wird.

War wahr

Träume weben
Unsichtbare Räume.
Entzweite Liebende
Können sich erneut
Verbinden.

Magische Zeichen
Aus Freyas Reichen
Zeigen den Herzen
Den Weg.

Blinde Tage und
Verbrannte Jahre.
Keine Zeit ist schön
Ohne Liebe.

Freyas Strahlen
Bewahren wahre Liebende.
Ihre Katzen streicheln
Die Entzweiten.

Verbunden war und
Schmerz ist.
Wann wird wieder
Küssen das einsame
Gesicht?

Sie ist

Die Göttin
Führt mich durch die Dunkelheit.
Die Göttin
Führt mich ins Licht.

Die Göttin
Ist mein Licht.
Die Göttin
Ist mein Glück.

Die Göttin
Zeigt mir den Weg ins Glück.
Die Göttin
Zeigt mir die wahre Magie.

Die Göttin
Ist wahre Magie.
Die Göttin
Ist wahre Liebe.

Die Göttin
Schenkt mir das Glück der Liebe.
Die Göttin
Sendet romantische Zeichen.

Die Göttin
Sendet mir Gaben.
Die Göttin
Berührt mein Herz.

Schutzgöttin

Ich berühre mein ungeborenes Kind.
Ich weine fast. Denn es berührt mein Herz.
Ich sehe zu meiner Göttin hoch
Und bitte sie: beschütze mein Kind!

Mein ungeborenes, kleine Wunder
Wächst mit jedem Augenblick.
Hoffentlich erblickt sie bald das Licht,
Denn ihr Bauch wird immer runder.

Göttin, ich fürchte mich
Vor den Härten der Welt
Und der Bosheit mancher Menschen.
Oh Kind, ich beschütze dich.

Göttin, ich bitte dich,
Sende Schutz für mein Kind
Und mach es stark und gesund.
Zeig ihm dein heiliges Licht!

Göttin, ich bin dein;
Möge auch mein Kind dein sein.
Göttin wir gehören dir:
Bitte zeig uns dein Heim.

Kreuzfrost

Tränen im Sand
Wegen des Schicksals
Des Nordlandes.

Die Liebe stirbt
Und überleben tun nur
Die niederen Triebe.

Kalt zieht
Der Winter übers Land.
Kalt fühlt
Sich das Nordland an.

Tränen erfrieren
Im nächtlichen Frost.
Lebend geboren
Mit tragischem Los.

Der alte Bund tot
Wegen des Buchgottes.
Er brachte Hass und Streit.

Der alte Bund wiedergeboren
In Freyas Namen
Und aus den neuen Poren
Der neu geborenen Nordlandkinder
Strahlt neues Lachen,
Um nordisch Glück zu schaffen.

Heißer Frost

Wenn der Frost die Welt erfriert,
Kriech ich zu dir ins Kuschelbett.
Mag Schnee und Eis die Welt anhalten.
Wir zwei heizen uns mit Liebe ein.

Lass mich dich streicheln
Und dir mit meiner Liebe einheizen.
Lass mich dich drücken
Und dir Glück zu kuscheln.

Dies ist der Norden
Und es ist kalt.
Freya ist unsere Göttin
Und hier sind wir daheim.

Kalt und weiß glänzt der Schnee.
Wir lieben uns wild,
Während wir am Fenster stehen
Und genießen das Winterbild.

Freya wandelt im Schnee
Und wir folgen ihren Spuren.
Sie ist die magische Fee,
Die uns durch den Winter führt.

Schicksalsliebe

Zart
Und unsichtbar.
Nah
Und unnahbar.

Sie schwärmt
Und wärmt
Ihr Herz mit einem
Bild von mir.

Ich bin angetan,
Doch berühre sie nie.
Nicht für uns
Ist Schicksal gemacht.
Uns nicht verbindet
Die Schicksalsmacht.

Was ist ist.
Was scheint,
Wird womöglich
Niemals sein.

Doch ich vertraue den Göttern
Und den Göttinnen
Und ich vertraue dem Schicksal!

Freysche Sehnsucht

Freya
Erhebe mich.
Freya,
Ich begehre dich.

Deinen Himmel
Will ich schauen
Und das freysche
Himmelsreich aufbauen.

Freya,
Du bist Liebe.
Freya weckt
Die natürlichen Triebe.
Freya
Schützt die Wiege.

Freya,
Göttin des Norden.
Freya,
Göttin der Herzen.

Freya,
Dein will ich sein
Auch jenseits dieses Leibs.

Freya,
Ich gedenke deiner
Durch die Liebe
Zu jedem Weibe.

Todesband

Der Tod klopft an die Tür.
Doch noch immer spüre ich nur
Sie!

Ihr Geruch klebt an mir.
Auch im Land des Todes
Werd ich sie weiter lieben.
In mir webt ihr
Zarter Duft.

Freya wandelt
Zwischen Tod und Leben.
Freya kann
Das Band weben.

Freya, ich rufe dich.
Bitte erhöre mich.
Mag mein irdisches Herz
Verglühen.
Mag mein spirituelles Herz
Sie weiter berühren!

Sterne Wanaheims

Träume am Strand
Im fernen Wanenland.
Die Göttin starrt gebannt
Aufs Sternenmeer.

Die Seelen schwitzen
In den Weltenritzen
Und schnitzen
Ihre Liebeswege.

Der Apfel fällt
Und einem Mann gefällt
Das rote Fleisch einer reichen
Jungfrau.

Freya lacht,
Denn ihre erste Liebesnacht
Dauert eine Woche
Und webt reine Lust.

Wieder am Wanenmeer
Wünscht sich Freya sehr,
Dass ihr alle glücklich seid
Und niemals weint.

Überall

Tanzt golden am Horizont.
Ich sehe weit,
Wie sich die Welt sonnt.

Freya ist ihr Name
Und Liebe ihr Symbol.
Sie verleiht die heilige Gabe
Und ist unser Idol.

Freyas Katzen fliegen
Unsichtbar am Himmel.
Freyas Wünsche siegen
Mit schallendem Gebimmel.

Die Göttin sendet
Uns freie Liebesengel
Und sie wendet
Alle herzlosen Mängel.

Freya schützt unsere Herzen
Und sendet wanische Strahlen.
Sie beendet alle Schmerzen
Und will unsere Liebe tragen.
Sie ist das Licht,
Das aus der Dunkelheit führt.

Unser Glauben

Freya
Unsere Göttin.
Sie ist unser Stern.
Sie ist das Erbe,
Welches wir die Kinder lehren.

Freya
Unsere Hoffnung.
Sie ist unser Licht,
Wenn es hoffnungslos ist.

Freya
Unsere Liebe.
Sie ist das Glück,
Welches zu uns in der Not zurück
Kehrt.

Freya
Unser Glaube.
Sei dir gewiss:
Kein Riss
Wird unser Band zerstören.

Liebe unter Willen

Tränen brennen.
Freya hemmt.
Herzen brechen.
Freya stützt.

Stille.
Bis der Schrei
Die Luft zerreißt.

Göttin!
Ruft er.
Sie erhört.

Göttin,
Gib mir zurück!
Doch das ist nicht
Der Weg wahrer Liebe.

Liebe unter Willen
Zweier Herzen.
Liebe unter Willen
Bei voller Bewusstheit.
Liebe unter Willen
Bis zur Göttlichkeit.

Herzenssaga

Sterbend
In ihren Armen
Liegen
Welch Gedicht

Den letzten Odem
Auf ihre Lippen
Hauchen
Welch epische Geschicht

Mit ihr durch Hels Welt
Wandern und liebend
Zusammenstehen
Welch Legend

Sich mit ihr in die Höhen
Von Freyas Wanaheim erheben
Welch romantische Fantasie

Friedensliebe

Frieden
In der Liebe.

Liebe
In Freyas Güte.

Gütig
Strahlt mein Herz.

Mein Herz
Ist wanisch heil.

Heil
Strahlt die Götterwelt.

Die göttliche Welt
Weist mir den Liebesweg.

Denn der Weg der Liebe
Erschafft meinen Friede.

Was ist Liebe?

Was ist Liebe?

Ist es der Schmerz
Des Vermissens
Oder die Magie
Der Göttin?

Was ist Liebe?

Stammt die
Liebe aus dem Götterreich
Oder entstammt sie
Der Erkenntnis von Leid?

Was ist Liebe?
Was ist meine Liebe
Für dich?
Was ist meine Liebe
Zu dir?
Was macht die Liebe
In mir?

Was davon hat
Die Göttin gemacht?
Was davon überlebt
Diese Welt und liebt
Noch im Totenreich fort?

Vereint sein

Ihr Feuer
Schmilzt den Schnee.
Ist das der Grund,
Warum ich auf sie steh?

Niemals und nimmermehr
Soll so was die Basis meiner Liebe sein,
Denn ich lade die Göttin ein,
Mir den Schicksalsweg zu zeigen.

Oh Macht in den Sternen.
Oh Macht über der Welt.
Oh Göttin der Liebe.
Oh göttliche Freya,
Herrin der nordischen Liebe.

Der wahre Weg ist prophezeit.
Wahre Liebe geht tiefer,
Als das Auge reicht.
Loyalität und Treue;
Hilfe in der Not und
Blindes Vertrauen
In den schlimmsten Stürmen
Und härtesten Kämpfen.

Der Feuersprung

Meine Hand
Vom Winter kalt
Auf ihrem
Heißen Leib.

Freyas Magie
Siegt und
Führt unser
Glück.

Zwischen uns
Hat's gefunkt
Mit der Macht
Der Liebe Kraft.

Ihre nackte Haut
Ist aufgetaut
Von meinem
Necken.

Sie ist Freyas Braut
Und ich ihr
Wilder Gemahl.

Ich bin Freyas Wahl
Und sie die Beschenkte.

Wunder der Natur

Der Himmel öffnet sich. Leuchtende Tore voller Sonnenstrahlen ergießen sich über mich.

Auf jedem Strahl reitet die Magie, die Freya uns schickt. Jeder Strahl ist Liebe.

Der Himmel verbirgt Wunder und unendliche Weiten.

Magische Tore sind im Himmel und auf Erden. Magische Tore, die diese Welt mit anderen verbinden.

Träume führen hinüber. Goldene Herzen kennen den Weg. Es gibt einen Ausweg aus den Schmerzen; einen Ausweg aus Trübnis und Einsamkeit.

Sieh das Licht am Firmament. Ergreife Freyas Hand. Sieh die Katzen schweben in deinem tiefsten Innersten.

Der Himmel steht offen und die Wälder warten. Die Flüsse rufen dich und der Berg wird für immer auf dich warten.

Freya steckt in jeder Wolke, jedem Baum und in jeder Welle. Reite mit ihr! Steige auf.

Fruchtkern

In meinen Armen
In kalter Nacht

Von Göttern geschützt
Im Frost der Welt

Heile Träume
In dieser kaputten Welt

Freyas Feuer
Schmelzender Schnee

Odins Stärke
Gegen alle Widerstände

Die Welt erfriert
Herzen brennen

Gestade der Schmerzen
Am Ozean der Leidenschaft

Zwei fliegende Katzen
Hoffnungsschimmer

Festhalten

Ihr Gesicht berührt,
Denn ich hab
Ihr Lächeln gespürt.

Lange Jahre beten
Für die Liebeswege.
Dann wurde wahr,
Als ich sie sah.

Die Göttin knüpft
Das junge Glück.
Freya spinnt
Das ungeborene Kind.

Die Himmlischen lächeln,
Wenn wir uns nackt necken.
Die Göttin strahlt
Am Hochzeitstag.

Das neue Lebensglück
Wird von Freya geschützt
Und strahlt unendlich rein
In die Welt hinein.

So möge es sein

Freyas Weg ist Liebe,
Denn Liebe ist der Weg
Des Friedens.

Freyas Traum ist Frieden,
Denn sie ist die Göttin
Der Liebe.

Freyas Strahlen
Erschaffen das Wahre
In der Liebe.

Freyas Katzen
Machen für die Schwachen
Frieden.

Freyas Lohn
Ist der Sohn oder
Die wahre Tochter.

Freyas Symbol
Ist das Wohl
Liebender Herzen.

Gemeinsam schwingen

Lebe mit Freya.
Tanz mit mir.

Atme Freya
Und küsse mich.

Träum von Freya
Und halte mich.

Lach mit Freya
Und befreie dich.

Freya sendet dir
Magische Kraft.

Freya wünscht uns
Den ewigen Tanz.

Freya zaubert
Kostbare Augenblicke.

Freya lebt
In jedem unserer Momente.

Bis ans Ende

Bis unsere Haare grau sind,
Das ist unser Schwur.
Bis unser Kind
Groß ist, bleiben wir.

Das Alter wird kommen
Und wir zueinander stehen.
Die Göttin wird uns
Den Weg ebnen.

Wir werden die Prüfung
Der Zeit bestehen.
Wir werden bis ans Ende
Unserer Zeit zusammengehen.

Die Tage kommen und gehen.
Die Nächte bleiben bestehen.
Wir lieben uns im Lauf der Jahre
Und feiern unsere grauen Haare.

Das ist der Schwur.
Das ist das Glück.
Gemeinsam blicken wir
Dann glücklich zurück
Auf Abenteuer und Momente
Voll Liebe und Zärtlichkeit,
Die uns die Göttin
Hat geschenkt.

Fluss der Liebe

Tränen leben!

In den magischen Tropfen
Webt das Hoffen.

In jeder nassen Perle
Lebt die Göttin der Erde.

In der Sorgen Flüsse
Tanzen Elfenfüße.

Im Augenlid
Singt Freya ihr Lied
Von wahrer Liebe
Und dem großen Siege
Zweier Herzen,
Die frei von Schmerzen
Vereint sind
Bis zum letzten Augenblick!

Göttlicher Reigen

Träume reifen
In den Weiden.

Liebende tanzen,
Während sie neues
Leben erschaffen.

Freya singt
Und die Liebe erklingt.

Der wilde Reigen
Lässt die Weiden reifen.

Nach dem Göttersegen
Wollen wir streben
Und unsere Bande weben.

Der Träume Samen
Waren zu wahrem
Küssen und Umarmen
Geworden.

Der Liebe Kleid
Ist kein Preis
Zu hoch.

Wir sind,
Weil Liebe gewinnt!

Leben und Tod

Für die Liebe leben.
Liebe, die die Göttin schenkt.

Ihr Segen sei dir gewiss.
Dein Wohl ist ihr Geschenk.

Dein Glück ist ihr Ziel.
Sie will dein Bestes hier
Und in der nächsten Welt.

Greife nach den Sternen.
Greife nach dem Götterreich.
Erhebe dich aus deinem
Eigenen Schatten.
Beweis der Welt deine Unsterblichkeit.
Denn nach dem Tod wartet eine Neue.
Nach dem Tod wartet eine neue Welt.
Vieles ist anders dort, doch auch dort
Ist es die Liebe, die wirklich zählt.

Im Einklang

Zweifel nicht,
Auch wenn die Welt es tut:
Die Götter sind wahr.

Zweifel nicht,
Auch wenn die Welt es tut:
Freya ist da.

Zweifel nicht,
Auch wenn die Welt es tut:
Die Liebe ist nah.

Zweifel nicht,
Auch wenn die Welt es tut:
Du bist nicht in Gefahr.

Die Göttin ist.
Die Göttin schützt.
Die Göttin liebt.
Die Göttin siegt.

Sieh der Wahrheit ins Gesicht
Und trau dich mit den Göttlichen
Zu gehen!

Gegen alle Widerstände

Ständig wacht die Angst.
Ständig erwarte ich gebannt,
Dass unsere Liebe zerbricht.

Mädchen ich liebe dich,
Bitte verlass mich nicht
Und niemals!

Freya, mein Herz so schwer.
Freya, mein Herz so trüb.
Schwer von den Sorgen.
Trüb von Angst.

Freya, gib mir den Mut.
Freya, gib mir den Glauben.
Mut, um für meine Liebe zu kämpfen.
Glauben bis zu meinem letzten Atemzug.

Ich spüre die Liebe
Und spüre gleichzeitig die Angst,
Sie zu verlieren.
Denn unsere Liebe muss siegen
Gegen alle Widerstände der Welt!

Über den Autor

Niemand liebt
von ganzem Herzen das Nirgendwo
und fand im Nichts die Wahrheit
reiner Gefühle.